I0824928

ESTE LIBRO CANDLEWICK PERTENECE A:

LA JOVEN QUE PODÍA REPARAR CUALQUIER COSA

Beatrice Shilling, ingeniera
de la Segunda Guerra Mundial

escrito por Mara Rockliff

ilustraciones de Daniel Duncan

traducción de Ana Izquierdo

CANDLEWICK PRESS

RTSMAN
NANCY'S CONFECTIONERY
NANCY'S CONFECTIONERY
BAKERY

Beatrice Shilling no se parecía a los demás niños.

Prefería las herramientas a los dulces.

Las herramientas eran una maravilla. ¡Servían para crear cosas y reparar cosas y desarmar cosas!

Beatrice podía crear cualquier cosa...

reparar cualquier cosa...

y cuando desarmaba algo,

volvía a unir todo mejor que como estaba antes.

Un día, Beatrice y su mamá fueron a Londres a conocer a una mujer de apellido Partridge. La señorita Partridge era ingeniera. Trabajaba llevando electricidad a los pueblos y estaba buscando a una joven inteligente que le ayudara.

¡Beatrice se convertiría en aprendiz de ingeniera!

No era un trabajo fácil.

A veces, Beatrice se equivocaba.

Pero le encantaba aprender cosas nuevas.

La señorita Partridge creía que Beatrice debía estudiar en la universidad.

Beatrice no era como los demás estudiantes.

Era inteligente y aprendía de los libros, pero era todavía más inteligente con las herramientas.

En su tiempo libre, le gustaba modificar su motocicleta.

Y después la llevó a la pista de carreras, donde descubrió que tampoco era como los demás corredores.

Era más rápida que ellos.

Cuando Beatrice se graduó de la universidad, no había mucho que desconociera de las máquinas. Pero parecía que nadie tenía un trabajo disponible para alguien que no era como los demás graduados.

Después de un tiempo, el Royal Aircraft Establishment contrató a Beatrice para escribir manuales sobre motores de avión.

Para Beatrice, escribir sobre motores era un trabajo aburrido. Quería trabajar en motores de verdad.

Finalmente, el Engine Department aceptó ponerla a prueba.

Beatrice seguía equivocándose a veces.

Pero estaba muy contenta.

Le encantaba su trabajo... y conoció a un hombre llamado George.

George era *muy* parecido a Beatrice. Era ingeniero y le gustaba trabajar con las máquinas. Incluso también corría con motocicletas. No era tan rápido como Beatrice, pero a ella de verdad le gustaba mucho.

Sus compañeros de trabajo le dieron a Beatrice un maravilloso regalo de bodas.

Al año siguiente, Gran Bretaña entró a la guerra.

Para entonces, todos en el Royal Aircraft Establishment sabían que Beatrice podía reparar cualquier cosa. La pusieron a cargo de un equipo pequeño. El equipo iba de un lado al otro del país, enseñándoles a los pilotos de la Royal Air Force cómo hacer que sus aviones arrancaran en clima muy frío y cómo evitar que sus motores se congelaran.

Pero había un problema que nadie podía resolver.

Los pilotos de cazas eran como acróbatas. Bajaban en picada y giraban y hacían bucles, tratando de derribar al enemigo sin que los derribaran a ellos.

Los pilotos de cazas volaban en Hurricanes y Spitfires. Ambas aeronaves tenían el mismo tipo de motor, y ese motor tenía un problema. Cuando un piloto bajaba en picada repentinamente, el motor a menudo gorgoteaba o sencillamente se apagaba por unos segundos. Esto no ayudaba a la situación en medio de una batalla.

El problema parecía claro: no estaba llegando suficiente combustible al motor. Debería haber sido algo fácil de arreglar, pero nada lograba solucionarlo.

PUT
PUT
PUT

Día tras día...

semana tras semana...

Beatrice y su equipo trabajaban hasta altas horas de la noche.

Era un enorme problema para la Royal Air Force.
Muchos ingenieros estaban buscando una solución.
Pero Beatriz no era como los demás ingenieros.

Ella encontró la respuesta.

El problema no era que no llegara suficiente combustible al motor cuando el piloto se zambullía. No, el verdadero problema sucedía un instante después, cuando llegaba *demasiado* combustible.

El problema podría solucionarse cambiando el diseño del motor, pero para eso se necesitaría tiempo y dinero. Y tiempo y dinero eran exactamente lo que no tenían los británicos.

Por suerte, tenían a Beatrice.

Inventó un pequeño pedazo de metal con un agujero que dejaba que pasara solo la cantidad correcta de combustible. Era fácil. Era barato. Se podía colocar rápidamente en un aeródromo sin siquiera tener que sacar el motor del avión.

Cuando Beatrice llegó rugiendo en su motocicleta con su bolso de herramientas, los pilotos supieron que ya no tendrían que preocuparse.

22
I
KJ

George también se unió a la Royal Air Force, como piloto.

Él y Beatrice se extrañaban muchísimo. Como otras parejas separadas por la guerra, se escribían cartas contándose lo que harían cuando estuvieran juntos de nuevo. Quizá deberían tener un bebé…

Por supuesto, George y Beatrice *no* eran como otras parejas.

Beatrice decidió que preferiría tener un avión.

NOTA DE LA AUTORA

Beatrice Shilling (1909-1990) de verdad reparaba cualquier cosa. Cuando era niña y vivía en Hampshire y Surrey, Inglaterra, gastaba el dinero que le daban sus papás en herramientas manuales y era tan buena con su kit de construcción de Meccano que ganó un premio en un concurso nacional organizado por la *Meccano Magazine*.

Frustrada por no poder seguir el paso de sus hermanas mayores cuando andaban en bicicleta, Beatrice comenzó a ahorrar para comprarse su primera motocicleta cuando solo tenía diez años. A los catorce, había ahorrado lo suficiente para una motocicleta Royal Enfield de segunda mano con motor de dos tiempos. Rápidamente aprendió sola a desarmar y volver a armar el motor.

El papá de Beatrice no entendía de qué le serviría a una niña tener habilidad mecánica... hasta que su hija cableó la luz de su habitación para que pudiera encenderla y apagarla desde su cama en lugar de tener que levantarse. Pero su mamá reconocía su talento y lo alentaba.

Otras mujeres también fueron muy importantes para el éxito de Beatrice. La señora Caroline Haslett, secretaria de la Women's Engineering Society, envió una carta a escuelas para niñas de toda Inglaterra anunciando el puesto de aprendiz de electricista que obtuvo Beatrice. La señorita Margaret Partridge y una colega ingeniera, Margaret Rowbotham, le dieron a Beatrice libros de texto y la impulsaron a solicitar su ingreso a la Victoria University of Manchester, y la London and National Society for Women's Service le otorgó un préstamo sin intereses para ayudarle a pagar su colegiatura, porque el programa de ingeniería ofrecía becas solo para hombres.

A pesar de que se graduó con honores como ingeniera eléctrica y después obtuvo una maestría en ciencias realizando investigación sobre los motores de combustión interna, a Beatrice se le dificultó encontrar un trabajo en su ramo. Al oír que había quedado en primer lugar en la pista de carreras de Brooklands con una motocicleta que ella misma había modificado, un entrevistador le dijo: "Supongo que los hombres te dejaron ganar".

Incluso después de que la contratara el Royal Aircraft Establishment, Beatrice se enfrentó a la discriminación. La enviaron a una fábrica de aviones a aprender sobre los motores, donde le dijeron que el ingeniero en jefe no aceptaba que entraran mujeres al edificio, así que tenía que esconderse cuando lo veía venir.

Beatrice fue miembro entusiasta de la Women's Engineering Society, que le ayudó a iniciar su carrera, y animó a otras mujeres a convertirse en ingenieras. Rompió barreras, desde desafiar una ley que prohibía que las mujeres trabajaran de noche, hasta entrar al "Senior Mess" (un club y comedor para los superiores), exclusivo para hombres, en el Royal Aircraft Establishment. Beatrice nunca entendió por qué podría importar cualquier cosa que no fuera lo bien que hacía su trabajo.

Como todos en Gran Bretaña en esa época, Beatrice aprendió a arreglárselas con lo que tenía a la mano. Años después, escribió sobre un experimento de combustible que realizó solo con un termo y dos lados de un papel folio para los cálculos matemáticos. Notó con orgullo que después "los americanos" gastaron 100 000 dólares para obtener los mismos resultados.

El matrimonio de Beatrice con George Naylor fue notable por su igualdad, su felicidad y la variedad de piezas de motor esparcidas por su casa. Se decía que Beatrice había hecho su propio anillo de matrimonio con acero inoxidable (no es cierto, aunque sí tenía un torno en el salón de su casa). También se dijo que después de ganar su propia Gold Star por alcanzar una velocidad mayor a 100 millas por hora (160 kilómetros por hora) en la pista de carreras de Brooklands en 1934, Beatrice se rehusó a casarse con George hasta que él también obtuviera una Gold Star. Como Beatrice, George prefería los aviones a los bebés. La pareja nunca logró comprar un avión, pero a Beatrice le encantó aprender a volar.

Después de casarse, a Beatrice continuaron llamándola señorita Shilling... en su cara. A sus espaldas, algunos de los hombres con los que trabajaba la llamaban "Tilly", como las camionetas utilitarias sin adornos que se usaron en la Segunda Guerra Mundial. Beatrice era muy parecida a una *tilly*: pequeña pero fuerte (cuando apretaba una tuerca ni siquiera George podía aflojarla), práctica y buena para cumplir con cualquier trabajo que se le pusiera enfrente.

En especial, al volverse mayor, los que no la conocían a menudo la subestimaban. Años después de la guerra, el editor de la revista *Motor Sport* la llevó a una reunión del British Motor Cycle Club. "Todos la ignoraron", recordó, "hasta que les dijimos que era poseedora de una Gold Star 100 mph".

Para los que sí la conocieron, Beatrice era una leyenda. Podía decir cuál era el problema de un motor simplemente oyéndolo en marcha. Incluso como miembro sénior del Royal Aircraft Establishment, según el *Telegraph* "era famosa por arremangarse la camisa y ensuciarse las manos. Los mecánicos respetaban el hecho de que podía soldar una junta plana entre dos piezas de cobre con la habilidad de un instalador".

Aunque es más conocida por sus logros durante la Segunda Guerra Mundial, especialmente por haber inventado el restrictor que salvó a los Spitfire y los Hurricane, después de la guerra Beatrice

realizó trabajos innovadores sobre motores supersónicos, combustible para cohetes e incluso pequeños aviones espía inflables que podían dejarse caer por paracaídas con agentes secretos (por desgracia, estos últimos no funcionaron). Incluso ayudó a diseñar y construir un *bobsled* para el equipo olímpico de la Royal Air Force.

También trabajó para mejorar la seguridad en las pistas de aviones e investigó accidentes. Después de un accidente que mató a veintitrés personas, entre ellas ocho miembros del equipo de fútbol Manchester United, fue Beatrice quien limpió el nombre del piloto al demostrar que el accidente fue causado porque el aguanieve en la pista había hecho más lento al avión en el despegue, y no porque el piloto no retirara el hielo de sus alas.

En 1949, Beatrice fue honrada por el rey Jorge VI con la Orden del Imperio Británico. Sin embargo, veinte años después se retiró del Royal Aircraft Establishment sin haber alcanzado jamás uno de los puestos más altos. Solo había hombres en esos trabajos.

Beatrice tenía otras cosas en las que pensar. Tenía un Jaguar nuevo, el coche más rápido de Gran Bretaña. Aunque, si desarmaba su motor, quizá podría hacer que fuera un poco más rápido...

FUENTES SELECCIONADAS

Broadbent, T. E. *Electrical Engineering at Manchester University: 125 Years of Achievement.* Manchester, RU: Manchester School of Engineering, University of Manchester, 1998.

Freudenberg, Matthew. *Negative Gravity: A Life of Beatrice Shilling.* Taunton, RU: Charlton Publications, 2003.

“Obituaries: Beatrice ‘Tilly’ Shilling.” *The Sunday Telegraph*, 18 de noviembre de 1990.

The Woman Engineer: se puede tener acceso a los siguientes artículos, ordenados cronológicamente, mediante los archivos digitales de la publicación periódica de la Institution of Engineering and Technologies en www.theiet.org/publishing/library-archives/the-iet-archives.

Partridge, Margaret M. “Lighting Problems in Country Districts”. Diciembre, 1923.

“Passing Events: Miss Beatrice Shilling”. Diciembre, 1926.

“News of Members”. Septiembre-octubre, 1931.

“Research on Internal Combustion Engines”. Septiembre-octubre, 1933.

“News of W.E.S. Member”. Septiembre-octubre, 1935.

“News of Members”. Septiembre, 1936.

“News of Members”. Invierno, 1948 –1949.

Shilling, B. “Embarking on an Engineering Career in the Twenties”. Verano, 1969.

“Women in Engineering —Past, Present and Future: Discussion”. Invierno, 1969.

“Miss Shilling Receives Honorary Degree from Surrey University”. Primavera, 1970.

“The Past: Personal Experiences Presented by Two Members”. Invierno, 1986.

“Beatrice Shilling”. Primavera, 1991.

“Miss Shilling Remembered”. Otoño, 2009.

Un agradecimiento especial a la doctora Christine Twigg, anteriormente de la Facultad de Ciencias e Ingeniería de la University of Manchester; la doctora Nina Baker, historiadora de la Women’s Engineering Society; y Alan Brown, Geoff Butler, Brian Luff, Claire Pateman y David Wilson, del Farnborough Air Sciences Trust.

Para Carter, que no es como los demás editores.
¡Gracias por hacer que Beatrice levantara el vuelo!
MR

Para Nancy.
DD

First edition in Spanish 2026

Library of Congress Control Number: pending
ISBN 978-1-5362-1252-5 (English hardcover)
ISBN 978-1-5362-5655-0 (Spanish hardcover)
ISBN 978-1-5362-5277-4 (Spanish paperback)

26 27 28 29 30 31 CCP 10 9 8 7 6 5 4 3 2 1

Printed in Shenzhen, Guangdong, China

This book was typeset in Amasis Pro.
The illustrations were created digitally.

Candlewick Press
99 Dover Street
Somerville, Massachusetts 02144

www.candlewick.com

EU Authorized Representative: HackettFlynn Ltd, 36 Cloch Choirneal, Balrothery, Co. Dublin, K32 C942, Ireland. EU@walkerpublishinggroup.com.

Mara Rockliff es autora de muchos libros infantiles, entre ellos los libros ilustrados *Mesmerized*, ganador de una Mención de Honor Orbis Pictus, *Around America to Win the Vote, Doctor Esperanto and the Language of Hope, Jefferson Measures a Moose, Anything But Ordinary Addie, Chik Chak Shabbat* y *Me and Momma and Big John*, ganador de una Mención de Honor Charlotte Zolotow y ganador del premio Golden Kite. Vive en Lancaster, Pennsylvania, con su familia.

Daniel Duncan es autor e ilustrador del libro *South* e ilustrador de *Mr. Posey's New Glasses*, de Ted Kooser, y *The Purple Puffy Coat*, de Maribeth Boelts, entre otros libros infantiles. Vive en las afueras de Londres.